Copyright © 2022
Loke bo Sembra, lo bo Kosecha!
by
Edelmira A. Koko-Ricardo
All rights reserved. This book or any element thereof might not be reproduced or utilized in any way whatsoever with out the specific written permission of the publisher besides for the usage of short quotations in a book review.

ISBN: 9781737964728

Printed in Curaçao

Esaki ta un kuenta di e paranan di mondi ku tabata biba riba un baranka haltu kantu di laman.

Laga mi sera boso konosí ku kada un di nan. E promé tabata señorita Blenchi, esta un bunita para ku su kurpa chikí, su koló bèrdè briante i ku su pik largu. Shon Chuchubi ku su plumanan pretu i shinishi, tambe tabata un di nan. Su problema grandi tabata, ku e ta gusta hòrta webu di e otro paranan.

Riba e baranka ei tabata biba tambe Trupial, e para ku su plumanan pretu i oraño ku ta lombra bunita den solo. Su spesialidat ta; ora e kuminsá kanta, tur hende ta para ketu pa skucha.

Barika Hel, e para gordinchi ku su barigonchi kompletamente hel, tambe tabata forma parti di e poblashon riba e baranka. Tabatin tambe Chonchorogai ku su kùif pará den haltu i Kompa Prikichi, e para ku su kolónan skèrpi hel i bèrdè, ku ta bula bai bin, gritando henter dia. Mòfi e para chikitu maron i shinishi, ku ta gusta kana abou na suela, tambe tabata forma parti. I por último, Álablanka e para respetá pasobra e tabata esun di mas grandi riba e baranka akí.

Riba un dia e paranan a haña nan konfrontá ku un problema grandi ya ku e palunan riba nan baranka a kuminsá seka pa motibu ku tempu di sekura a yega. Si, tabata asina ku awa no tabata kai sufisiente pa e palunan keda bèrdè ni tampoko saka flor i fruta pa e paranan por a kome.

A bin sali na kla, ku tabatin paranan ku tabata lanta bon tempran, kome yena nan barika, sin tene kuenta ku e otro paranan riba e baranka. Ta p'esei mes Álablanka a disidí di pone un gran reunion. El a pidi Trupial pa flùit tur habitante pa bini den e palu di tamarein meimei riba e baranka. No a dura muchu ku tur e paranan a presentá, reklamando i diskutiendo tokante di e kosnan ku tabata tuma lugá riba nan baranka tan stimá.

Álablanka a bati su pik fuerte riba un taki bisando: "Mi por haña boso atenshon por fabor, reunion ta bai kuminsá." Ora tur para a keda ketu, Álablanka a halsa su bos bisando: "Amigu i amiga paranan, manera boso tur a ripará tin un skarsedat di kuminda pasobra tempu di sekura a yega. Pero e kos di mas laf ta ku tin sierto para ta hasi kos di mas. Nan ta kome nan barika yen, sin kòrda riba e otronan. Ta p'esei e reunion akí, pa nos ban disidí huntu, ta kiko nos ta bai hasi. Esaki ta nifiká ku kada para ta haña chèns di trese nan opinion dilanti i huntu nos ta skohe kua ta e mihó solushon."

Mes ora Shon Chuchubi a bula grita: "Ami nò, no t'ami. Mi no sa kome for di tur palu, ta un palu so mi sa kome fo'i dje. Awèl niun hende no bin gaña riba mi."

"Bo por warda un ratu, Chuchubi?" Álablanka a kontest'é: "Niun hende no a bisa ku t'abo. Ora mi duna bo bùrt, bo tin mag di papia."

Barika Hel, e para gordinchi chikí a bisa: "Ami tin un idea, mi por tres'é dilanti?"

Álablanka a respondé: "Ta asina mester ta. Esei ta un manera bunita pa puntra si nos por bisa algu. Barika Hel, papia bo numa."

I Barika Hel a kontinuá: "Mi a pensa, ya ku tin hopi palu nos por parti e palunan na un sistema ku tur para ta haña un palu pa e biba aden segun grandura di su famia. Asina kada para por kome trankil, sin ku mester bin problema."

Álablanka a pensa un ratu i el a bisa: "Hmmm bo sa kiko, esei ta un bon idea si, pero…nos mester wak e kos akí bon, pasobra esei ta nifiká ku nos mester pone reglanan. Un regla sigur mester ta ku nos no ta skonde kome for di otro su palu si, ma nos tur ta respetá otro su lugá di biba."

Shon Trupial a kanta: "Sigur no, sigur no, ami no tin problema ku e kos ei, apsolutamente ku nò, bo por dal bai numa Álablanka." Blenchi e para chikitu, delegaditu a bisa: "Álablanka bo no tin mester di duna mi un palu pa mi so. Mi por biba huntu ku kualke para pasobra mi no por kome hopi tòg. Mi kurpa ta chikitu." E Chonchorogai a grita: "Ai nò shonnan, boso por hasi manera boso ke, pasobra ami ta abou mi ta piki mi kuminda tòg. Loke mi haña abou mi ta kome. No preokupá boso pa mi." Mòfi a konfirmá i a bisa: "Ami ta pará den e mesun sapatu ku Chonchorogai, mi no tin problema ku esaki."

Ta Kompa Prikichi so a hisa su alanan ku un furia i na e momentu ei el a grita ku un bos ku un kriki mes lo a envidi'é: "Ami si no ta keda aki, ami si no ta keda aki. Kuenta di palu pa mi so, palu pa bo so, palu p'esei so, mi no ta den e kos ei. Mi no ta soportá, mi ke mi libertat pa mi kome for di e palu ku mi ke. Mi ta bai for di e baranka akí." I el a bati su alanan bula bai.

Álablanka a sakudí su kabes i a kontinuá:" Ora mi tende boso tur, e idea ta parse un bon idea tòg. Chuchubi ta bo so mi no a tende ainda." Shon Chuchubi a drei ròntriba e baranka, wak ròntriba, wak ròntriba un biaha mas, i a saka un kareda, bati su alanan asina duru ku kasi el a waya e pober blenchi bent'é for di den e palu i bai para riba e palu di mas bunita i ku mas kuminda. I el a grita: "Mi ta kompletamente di akuerdo. Ami a skohe mi palu kaba. Ta aki den mi ta biba i ningun hende no por saka mi for di aki."

Blenchi e para chikitu a respondé: "Álablanka, ban evitá problema i laga Chuchubi biba numa den e palu di mas bunita i ku mas kuminda. Dios lo kòrda riba nos". Álablanka a aploudí e Blenchi chikí pa su konseho sabí i el a bisa: "Esaki ta un Blenchi sabí." E otro paranan tambe a disidí di no bai pleita ku Shon Chuchubi i lag'é pa Dios.

I asina a sosodé ku tur para a bai buska nan palu. Barika Hel a invitá Blenchi bin biba serka dje i Trupial a buska un palu na grandura di su famia. Mòfi, Chonchorogai i Álablanka a tuma un palu den nan tres, i e otro paranan a primintí di sakudí e palu ratu ratu pa nan por kome loke kai abou, ya ku nan ta gusta piki kos abou. Asin'ei bida a sigui riba e baranka. Tur mainta ora nan lanta nan tabata tira un bon bista riba Chuchubi, pa e no bai den palu di un otro para i kome nan kuminda. Pasobra e tabata un para ku wowo grandi i yen di kurashi.

Riba un anochi ku tur para a bai sosegá, a sosodé algu teribel. Ata bientu a kuminsá supla duru i a bira fuerte.

E paranan no por a drumi mas di tantu zonido, i nan tabata pensa: "Dios laga no ta orkan." Bientu tabata supla kada bes mas i mas duru i den esei nan a tende:

Krak, branbagadanbambam splash!!!

Boso no sa kiko a pasa? Bientu a supla Shon Chuchubi su palu grandi i bunita asina duru, ku el a kibra i a kai abou, lora for di e baranka i bai kai den laman.

Chuchubi a kuminsá grita:

"Aiaiai mi nèshi, mi webunan, mi palu, kon mi ta hasi, paranan boso tur bin yuda mi!"

Álablanka a respondé: "Mi no tin niun tiki gana di yuda bo, bo sa Chuchubi, pasobra abo semper ta trata nos malu". Chonchorogai a zuai su kùif i bisa: "Ami nò, mi no ta yuda niun para ku no ta tene kuenta ku mi." Barika Hel a keda blo ta wak su mes webunan i el a pensa: "Si mi bai, bientu por supla mi nèshi tambe bai kuné. Nò, mi si no por bai."

Trupial tampoko no tabatin gana di yud'é i el a pensa: "Chuchubi, e ta un bon lès pa bo. Ya bo ta stòp di trata nos malu." Mòfi a keda blo pensa si e bai òf no bai yuda Chuchubi, pero e no a skit for di su taki.

Ta e Blenchi chikitu so a tene duele di Shon Chuchubi. El a bula bai serka dje i a puntr'é: "Chuchubi bo ke mi yuda bo, bo ke mi yuda bo? Mi tin gana di yuda bo, kiko mi por hasi pa bo?"

Chuchubi a drei wak e Blenchi chikitu ku un kara di menospresio i a respondé: "Abo… yuda mi? Ta ku kiko bo mes ta kere ku bo por yuda mi kuné yu?"

Tristu e Blenchi chikí a bula bai para bèk den su palu. E otro paranan a keda blo wak Shon Chuchubi i su kasá ku su kara tristu, ku tabata bula bai bin tur nèrvioso.

Pero e Blenchi chikí ku no por a soportá e tristesa di Chuchubi mas a bula bai serka Álablanka i e la bis'é: "Álablanka bo no ta kere ku nos tur huntu por hasi algu pa Chuchubi i su famia. Pasobra bo sa maske e ta trata nos malu , tòg nos no mester paga malu ku malu, nos mester paga malu ku bon."

Álablanka a drei wak Blenchi, hala un rosea profundo i bis'é: "Abo no Blenchi, semper bo ta bin ku bo kurason di mizerikòrdia. Bo sa pa bo motibu nos ta bai yud'é."

Álablanka a yama tur e paranan i huntu nan a pensa un bon plan pa salba Chuchubi su nèshi i su webunan.

Nan a bula bai abou i yegando nan a ripara ku nèt e nèshi tabata drif riba awa ainda.

Poko poko pa ningun webu no kai nan a pone forsa huntu i hisa e nèshi bai pone den e palu di Barika hel.

Mama Chuchubi a bula bin mes ora. "Danki, danki, Dios bendishoná bosnan", e la grita, yorando di alegria. "Danki ku boso a tene miserikòrdia di mi famia chikí".

Mes ora e la bai konta e webunan. Ay si, tur tabata tei.

Shon Chuchubi mes no tabatin kara pa bin bisa e paranan nada. El a keda blo kana kabes abou. E tabatin masha bèrgwensa. Porfin el a tuma un kurashi tòg i a bula bai den direkshon di e palu di Barika Hel.

Ora el a yega einan el a bisa: "Amigu i amiga paranan ta duel mi di henter mi kurason ku tur e tempu mi a hasi malu ku boso, i mi ke gradisí boso ku boso a tene kompashon ku mi webunan."

I el a kuminsá yora.

Si, di bèrdat Chuchubi tabatin duele di tur e kosnan malu ku el a hasi ku e otro paranan.

Blenchi e para chikí ku su kurason di oro, a bula bai para serka dje i ku su alanan chikiritu e tabata bati riba Shon Chuchubi su lomba i bis'é: "No preokupá bo Chuchubi, nos tur a pordoná bo kaba. No ta bèrdat paranan tur?" Tur para a sakudí nan kabes. "Bo no ta hasi malu mas tòg Chuchubi ? ", e Blenchi a puntr'é. "Nò", Chuchubi a respondé: "Mi no ta hasi malu nunka mas."

Mientrastantu bientu a baha, áwaseru a stòp di kai i e mal tempu a pasa.

Su manisé despues di e orkan, boso no por rei ken a presentá. Pero e biaha akí, sin gritu ni babel. Tabata Kompa Prikichi. Imaginá bo no, esun ku a bati su hala bai, bisando ku e si no ta keda riba e baranka, pasobra e no por ku kuenta di un palu p'esei, un palu p'esaya, o p'esaki, e ke su libertat pa e kome for di tur palu kuantu ku e ke.

El a bini ku un kara, ku tur e paranan a haña duele di dje. No Blenchi e para chikitu so, pero tur para di e baranka. Kompa Prikichi a bira asina flaku. Tur kaminda ku el a bai, e no a haña niun kos di kome. E paranan di e otro barankanan no a permití pa e ni biba den nan palunan ni kome fo'i nan palunan. Nan a kore kuné na mal òrdu.

Despues di hopi buska Prikichi a disidí di bin bèk riba su mes baranka numa. I ta su último forsa el a usa pa yega bèk. Kabes abou el a bin pidi tur e otro paranan masha pordon i despensa. E paranan ku ya kaba a pordoná Shon Chuchubi, a disidí di pordoná Kompa Prikichi tambe. Tòg ta nan bisiña di tur ten e tabata.

I asina Kompa Prikichi tambe a siña un bon lès. Anto Shon Chuchubi a ofresé pa e bin biba den palu huntu kuné, asina el a mustra ku ta di bèrdat el a kambia.

No ta bon pa despresiá ni hasi malu ku otro, pasobra ora malu bati na bo porta ta serka ken lo bo pidi yudansa? Mihó bo biba bon ku bo amigu i bisiñanan pasobra den tempu di mester ta nan mes lo yuda bo.

Shon Chuchubi a siña kompartí tur kos bon ku e otronan, pasobra el a siña ku asina Dios lo kòrda di bo ora abo ta den nesesidat.

Awor áwaseru a kuminsá kai, anto e palunan a kuminsá bira bèrdè atrobe, saka flor i pari fruta. Tabatin kuminda na abundansia pa tur para riba e baranka haltu kantu di laman i tambe pa nan yuchinan ku a kaba di nase.

Alegria, goso, pas i trankilidat tabatin tur dia pa tur e habitantenan di e baranka haltu kantu di laman.

TAREANAN PA EDAT DI 4 PA 6 AÑA

KON TA MI NÒMBER?

1- Menshoná nòmber di e para di mas grandi riba e baranka.
2- Menshoná nòmber di e para di mas chikitu riba e baranka.
3- Menshoná nòmber di e para ku a bula bai fo'i di e baranka.
4- Menshoná nòmber di e para ku a tuma e palu di mas grandi i bunita di e baranka.
5- Menshoná nòmber di e paranan ku ta gusta piki nan kuminda abou na suela.
6- Menshoná nòmber di e para ku tin un kùif.
7- Menshoná nòmber di e para ku e kurason di mas dushi.

KI KOLÓ MI PLUMANAN TIN?

Marka un krus den e hòkinan di e kolónan di e para su plumanan i esun ku por skibi kaba ta skibi nòmber di e kolónan.

Chuchubi

Mòfi

Chonchorogai

Blenchi

Álablanka

Trupial

Prikichi

Barika Hel

KEN TA KRESE BIRA MAS GRANDI?

Marka un rònchi ront di e para ku ta krese bira mas grandi:

Mòfi	>òf<	Chuchubi	?
Chonchorogai	>òf<	Blenchi	?
Álablanka	>òf<	Trupial	?
Prikichi	>òf<	Barika Hel	?

TAREANAN PA EDAT DI 7 PA 10 AÑA

BO TA KÒRDA?

1- Kiko ta nifiká loke bo sembra, lo bo kosechá?
2- Unda e paranan tabata biba?
3- Kon yama e palu ku nan tabatin reunion den dje?
4- Kon bo ta yama e tempu ku tin bientu hopi fuerte i áwaseru pisá?
5- Kiko a pasa ku e nèshi di Chuchubi, ku maske el a kai den awa nan por a salb'é tòg?
6- Kua ta e lès ku Chuchubi a siña?
7- Kua ta e lès ku Prikichi a siña?

TAREA DI VERSÍKULO
Lesa e versíkulo i splika kua parti di e kuenta i kua di e paranan ta pas ku e versíkulo.
Hasié huntu ku un hende grandi ku por yuda bo.

Mateo 18:21,22
"Anto Pedro a bini serka dje i bis'é: "Señor, kuantu biaha mi ruman por peka kontra mi i mi mester pordon'é? Te ku shete biaha?" Hesus a bis'é: "Mi ta bisa bo: No te ku shete biaha, sino te ku 7 bia 70 bia.""

Efesionan 4:32
"Pero sea bondadoso i tene kompashon; pordoná otro manera Dios a pordoná boso pa medio di Kristu."

1 Tesalonisensenan 5:15
"Mira pa niun hende no paga malu ku malu, pero semper buska pa hasi loke ta bon pa e otro rumannan i pa tur hende."

Romanonan 12:2
"I no laga e manera di pensa di e mundu akí forma boso, al kontrario, laga Dios transformá boso i duna boso un manera nobo di pensa. E ora ei boso lo konstatá kiko E ke di boso, esta loke ta bon, agradabel i perfekto."

Galationan 6:9

"Laga nos no kansa di hasi loke ta bon i si nos no deskurashá, na su debido tempu nos lo kosechá loke nos a sembra."

Kolosensenan 3:25a

"Es ku hasi malu, malu ta p'e;"

Proverbionan 3:30

"No buska pleitu sin motibu ku hende ku no a hasi bo nada malu."

Proverbionan 23:2

"Si bo ta un gran komedó, sòru pa bo n' hasi kos di golos."

Hakobo 3:16

"Kaminda tin hende ta envidiá otro i ta aktua motivá pa ambishon egoista, tin desòrdu i tur sorto di maldat."

Proverbionan 21:4

"Mirada di menospresio i kurason orguyoso — un aktitut asina — ta piká."

Proverbionan 11:2a

"Ora bo ta orguyoso bo ta pasa bèrgwensa,"

Awor ban reflekshoná riba nos mes bida.
Konta ku nos mes pensamentunan, sintimentunan, karakter i kurason?

Tuma tempu i pensa bon tokante bo mes. Kue un skref i pèn anto skibi tur loke bo ta haña ku bo tin ku traha riba dje den bo mes bida. Sea sinsero ku bo mes. Aki bou tin algun ehèmpel di preguntanan ku bo por hasi pa asina bo haña sa kua ta e partinan ku bo mester drecha.

Kòrda tin hopi mas pregunta ku bo por hasi bo mes. Ora bo ta kla, papia ku un hende ku bo ta konfia i pidié yuda bo den orashon pa kambionan por tuma lugá den bo bida. Semper kòrda esaki: tur loke bo sembra bo ta kosechá, pues sembra bon pa bo kosechá kos bon so.

- Kon mi ta komportá mi ku mi tata?
- Kon mi ta komportá mi ku mi mama?
- Kon mi ta komportá mi ku mi rumannan?
- Kon mi ta komportá den klas i den kurá di skol?
- Mi ta gusta pordoná?
- Mi gusta paga malu ku malu?
- Mi sa hasi kos di golos?

Bo ta kla pa biba un bida ku ta hasi Dios kontentu? Awèl, esaki ta mi orashon pa bo.

ORASHON

Señor Dios mi ta pidi Bo pa laga Bo Spiritu Santu konvensé e mucha ku a kaba di lesa e buki akí di tur loke e tin ku traha riba dje i dun'é forsa i kurashi pa traha riba nan pa asina e haña un karakter i komportashon ku ta hasi bo kurason kontentu. Asina tur loke e hasi ta manera un bon simia sembrá den bon tera ku mayan ku Dios ke e por kosechá dushi fruta di dje. Esaki ke men ku lo bai e bon. Amèn!

Ban siña i kanta e kantika akí na bo Tata den shelu, di henter bo kurason.

Kada bes ku bo ta sinti ku bo ta bai faya ku Dios, kanta e kantika akí manera un orashon i Dios lo yuda bo hasi loke ta hasi E kontentu.

KANTIKA "Mi ke pone Tata smail"

Hundu den mi kurason
Mi tin un deseo pa hasi bon
Hundu den mi kurason
Mi ke agradá bo
O, mi Tata bon

Den mi mes forsa mi no por
Spiritu Santu bin yuda mi awor
Kumpli ku e deseo di mi kurason
Pa pone Tata smail

Ki ora ku mi papia, o Señor	mi ke Bo smail
Ki ora ku Bo mira mi kaminata	mi ke Bo smail
I ora ku mi tin ku pordoná	7 bia 70 bia
Ai, yuda mi Spiritu di Dios	
Mi ke pone Tata	smail

www.ingramcontent.com/pod-product-compliance
Lightning Source LLC
Chambersburg PA
CBHW051320110526
44590CB00031B/4417